Título original: *I Wonder Why Triceratops Had Horns and Other Questions About Dinosaurs*
Traducción: Marisa Rodríguez Pérez y Ruth Villa Pérez
Responsable de la colección: Jackie Gaff
Diseñador de la colección: David West Children's Books
Autor: Rod Theodorou
Asesor editorial: Dougal Dixon
Editor: Brigid Avison
Responsable artístico: Christina Fraser
Diseño de cubierta: Alfredo Anievas
Ilustraciones (incluida cubierta): Chris Forsey; Tony Kenyon (BL Kearley) todas las viñetas

PRIMERA EDICIÓN, segunda reimpresión, 1998

© Larousse plc y EDITORIAL EVEREST, S. A.
Carretera León-La Coruña, km 5 - LEÓN
ISBN: 84-241-2166-X (Colección completa)
ISBN: 84-241-2172-4
Depósito legal: LE. 27-1996
Printed in Spain - Impreso en España

EDITORIAL EVERGRÁFICAS, S. L.
Carretera León-La Coruña, km 5
LEÓN (España)

CONTENIDOS

¿Cuántos dinosaurios había?

Existieron multitud de dinosaurios diferentes. Los científicos han dado nombre a unos 300 tipos, pero cada día se encuentran otros nuevos. Unos dinosaurios eran grandes, otros diminutos. Unos eran fieros carnívoros, otros amables vegetarianos que pastaban.

Apatosaurus (plantas)

Spinosaurus (carne)

Iguanodon (plantas)

Styracosaurus (plantas)   Panoplosaurus (plantas)   Oviraptor (carne)   Stygimoloch (plantas)

• Los dinosaurios eran reptiles. Hoy día, los reptiles incluyen lagartos, cocodrilos, tortugas y serpientes.

• Al igual que casi todos los reptiles, los dinosaurios vivían sobre la tierra y tenían piel seca y escamosa. La cáscara de sus huevos era correosa, muy diferente a la de las aves, que es dura y quebradiza.

¿Hace cuánto vivieron los dinosaurios?

Los dinosaurios vivieron hace MILLONES y MILLONES de años. Los primeros aparecieron hace aproximadamente 230 millones de años y los últimos que conocemos perecieron hace más de 65 millones de años. Comparada con esto, la historia humana es como un suspiro: solamente existimos desde hace 2 millones de años.

Kentrosaurus (plantas)

• ¡Los dinosaurios dominaron la Tierra durante 165 millones de años!

¿Por qué era un bocazas el Tyrannosaurus?

El Tyrannosaurus era un carnívoro gigantesco. Con sus 6 metros de altura, era tres veces mayor que un oso pardo. Su boca también era enorme: lo bastante grande para tragarte de un solo bocado.

• Muchas personas creen que el Tyrannosaurus podría haber alcanzado los 50 kilómetros por hora mientras perseguía a sus presas.

• Así de grande era un diente del Tyrannosaurus. Los bordes afilados ayudaban a rasgar la piel y la carne.

¿Era el Tyrannosaurus el rey de los dinosaurios?

• El nombre de Tyrannosaurus significa «lagarto tirano»; un tirano es un rey muy cruel.

Es posible que existieran carnívoros incluso mayores que el Tyrannosaurus. El enorme dinosaurio de la derecha es el Deinocheirus. Hemos de imaginar cuál era su aspecto, ya que sólo se han hallado sus patas delanteras y sus patas con garras. Pero éstas son más grandes que un hombre adulto, por lo que su tamaño debía de ser gigantesco.

Carnotaurus   Dilophosaurus   Ceratosaurus

• Los tres dinosaurios de la izquierda estaban emparentados con el Tyrannosaurus, aunque ninguno era tan grande.

¿Qué dinosaurios atacaban con navajas de resorte?

El Deinonychus era una asesino rápido e implacable. Contaba con dientes afilados para morder y fuertes garras para desgarrar la carne. Pero su arma más temible era una garra larga y curva situada en el extremo de cada pie. Cuando el Deinonychus daba una patada, su garra acuchillaba al abrirse como una navaja de resorte.

• La palabra Deinonychus significa «garra terrible».

• El Velociraptor era muy similar al Deinonychus. Su nombre significa «ladrón rápido».

• Es probable que el Deinonychus cazara en grupo para poder atacar a dinosaurios de mayor tamaño. Hoy día, los perros de caza africanos hacen lo mismo: persiguen a su presa hasta agotarla, para después acorralarla y matarla.

¿Por qué el Iguanodón levantaba los pulgares?

El Iguanodón era un herbívoro enorme y amable, aunque tenía los pulgares afilados en forma de daga. Es posible que usara estas puntas como armas secretas, empleándolas como puñales al ser atacado.

¿Qué dinosaurio iba de pesca?

Las garras del Baryonyx eran incluso mayores que las del Deinonychus; sin embargo, era demasiado grande y pesado para mantenerse sobre dos patas y usarlas como armas. Por el contrario, el Baryonyx podría haber empleado las garras para pescar en los ríos, del mismo modo que hacen los osos pardos.

• El Baryonyx casi fue emparedado. Los huesos de este dinosaurio fueron hallados en una cantera de donde se extraía arcilla para la fabricación de ladrillos.

¿Cuál era el dinosaurio más grande?

El Brachiosaurus era gigantesco. Si viviera hoy en día, podría asomarse por encima de un edificio de cuatro pisos. Era tan grande que tendrías que estirarte para poder tocar su rodilla. Pero eso no es todo, ¡los científicos han descubierto huesos de un dinosaurio de cuello largo llamado Seismosaurus que era incluso mayor!

Brachiosaurus
12 metros de altura
22,5 metros de longitud
45 toneladas

● La cabeza del Diplodocus, uno de los dinosaurios más grandes, era diminuta; no mucho mayor que la de un caballo.

● La ilustración muestra el gigantesco tamaño de estos tres dinosaurios comparado con el elefante africano.

• Los dinosaurios de cuello largo se denominan saurópodos. Sus cuellos les permitían comer hojas de las copas de los árboles que otros dinosaurios no podían alcanzar.

• Los enormes dinosaurios como el Brachiosaurus pueden haber vivido hasta los 120 años.

Diplodocus
26 metros de longitud
10 toneladas

¿Cuál era el más pequeño?

El Compsognathus es el dinosaurio más pequeño hallado hasta el momento; no era mucho más grande que una gallina. Caminaba sobre dos delgadas patas y se alimentaba de pequeños animales como lagartos.

Apatosaurus
21 metros de longitud
30 toneladas

¿Ponían huevos los dinosaurios?

Sí, los dinosaurios ponían huevos, igual que los reptiles actuales. Las madres los ponían en nidos en el suelo. Los huevos de dinosaurio eran de diferentes tamaños y formas: unos eran casi redondos, otros eran largos y delgados.

• Los primeros huevos de dinosaurio fueron hallados en Mongolia en la década de 1920. Pertenecían al Protoceratops.

• El huevo más grande hallado hasta el momento pertenecía a un dinosaurio de cuello largo llamado Hypselosaurus. El huevo es 5 veces más largo que un huevo de gallina.

Maiasaura con sus crías

• Los dinosaurios de cuello largo también se ocupaban de sus crías. Cuando la manada se movía, los jóvenes caminaban en el centro, custodiados por sus enormes padres.

• Los Maiasaura anidaban en grupos, igual que las aves marinas hacen hoy en día.

¿Qué dinosaurio era una buena madre?

En 1978, los científicos realizaron un apasionante descubrimiento en Montana, EE UU: una colonia completa de dinosaurios, con nidos, huevos e incluso crías. Los dinosaurios que ponían huevos se denominaron Maiasaura, que significa «buena madre lagarto».

¿Sabían nadar los dinosaurios?

Los dinosaurios no eran seres marinos, aunque es posible que nadaran en caso de necesidad, cuando una barrera de agua aparecía en su camino. Sin embargo, los mares y océanos estaban poblados por muchos otros reptiles que, en ocasiones, se asemejaban a los dinosaurios.

• En la época de los dinosaurios, algunas tortugas tenían enormes dimensiones. Archelon era más larga que una pequeña barca.

Kronosaurus

• El Kronosaurus era un auténtico «cabezón». Su cráneo era dos veces mayor que el cráneo del Tyrannosaurus.

• El Mosasaurus era un lagarto marino gigante.

Mosasaurus

• El Elasmosaurus tenía un cuello largo similar al del Diplodocus y los otros saurópodos. Es posible que nadara con el cuello y su diminuta cabeza fuera del agua, sumergiéndolas de repente para atrapar peces.

Elasmosaurus

• A diferencia de los peces, estos reptiles marinos no podían respirar bajo el agua.
Necesitaban salir a la superficie para respirar, igual que hacen las ballenas y delfines.

• El Ichthyosaurus se parecía a un delfín. Tenía una vista muy aguda para localizar peces y podía nadar a gran velocidad para atraparlos.

Ichtyosaurus

• El primer esqueleto completo hallado de un reptil prehistórico perteneció a un Ichthyosaurus. Mary y Joseph Anning tenían 12 y 16 años cuando, en 1810, lo descubrieron en la base de los acantilados de Dorset, al sur de Inglaterra.

Teleosaurus

• Los cocodrilos también estuvieron presentes en la era de los dinosaurios. El largo hocico del Teleosaurus contaba con un montón de dientes afilados: la mejor arma para atrapar peces escurridizos o calamares.

¿Podían volar los dinosaurios?

Los reptiles voladores eran comunes en el paisaje prehistórico; sin embargo, no tenemos evidencia de que fueran auténticos dinosaurios. Los reptiles voladores reciben el nombre de pterosaurios. Unos eran pequeños como golondrinas, otros eran gigantescos.

• El Pteranodon era más grande que cualquier pájaro actual. La cresta podría haberle servido para planear en el aire.

• Los pterosaurios probablemente alimentaban a sus crías del mismo modo que los pájaros.

• El pterosaurio
Quetzalcoatlus era la
mayor criatura voladora
que ha existido
sobre la Tierra.
Era más grande
que un ala
delta moderno.

• Los pterosaurios eran
más parecidos a los
murciélagos que a los
pájaros. No tenían
plumas, pero sí cuerpos
blandos y peludos, como
los murciélagos, y alas
correosas de piel.

• La cabeza del
Dimorphodon se parecía a
la de un frailecillo. Además
la cara y el pico pudieran
haber sido igual de coloridas.

Dimorphodon

• La punta del extraño pico
del Dzungaripterus
podría haber servido
para arrancar
caracoles y otros
moluscos de las rocas.

Dzungaripterus

• El Pterodaustro probablemente
utilizaba su cerdosa dentadura
inferior como un tamiz, para filtrar
diminutas criaturas marinas.

Pterodaustro

¿Por qué los Triceratops tenían cuernos?

A pesar de su fiero aspecto, los Triceratops eran herbívoros y bastante mansos. Utilizaban sus tres cuernos afilados para asustar a los carnívoros hambrientos o, si eso no resultaba, para combatirlos.

• Había muchos tipos diferentes de dinosaurios con cuernos.

• El Torosaurus tenía una cabeza increíblemente gigantesca. Era tan larga como un coche.

Centrosaurus

Pachyrhinosaurus

• Un Triceratops al ataque era imparable. Podía galopar más rápido que un rinoceronte y pesaba más que un elefante africano.

¿Qué dinosaurio tenía armadura?

La gruesa piel superior del Ankylosaurus tenía montículos y picos óseos. Esta armadura ósea convertía al dinosaurio en un tanque viviente... ¡imposible de atacar!

• Ante un ataque, el Ankylosaurus podría haberse acurrucado para esconder su blanda tripa. Los carnívoros se habrían roto los dientes al morder su dura armadura.

Chasmosaurus

¿Qué dinosaurio tenía un aguijón en la cola?

El Stegosaurus no tenía cuernos; su arma mortífera estaba en el otro extremo de su cuerpo. Los largos y afilados picos de su cola no eran venenosos como los aguijones de las abejas, pero podían causar heridas desagradables.

• Las placas de la espalda del Stegosaurus podrían haber actuado como paneles solares, absorbiendo el calor del sol y manteniendo caliente al dinosaurio.

• La cola del Ankylosaurus podría haber imitado la forma de unos ojos. Si un carnívoro la confundía con su cabeza, se llevaría una desagradable sorpresa.

• La cola del Diplodocus evitaba que se cayera cuando se levantaba sobre las patas traseras para alcanzar hojas altas.

• Igual que los acróbatas de la cuerda floja hacen con un palo, los dinosaurios de dos patas elevaban la cola para mantener el equilibrio mientras corrían.

¿Qué dinosaurio usaba un látigo?

Los dinosaurios de cuello largo eran lo bastante grandes para ahuyentar a la mayoría de los carnívoros. Pero si un dinosaurio como el Diplodocus tuviera que enfrentarse a un atacante, podría azotar su larga cola como un látigo.

¿Cantaban los dinosaurios?

Algunos dinosaurios de pico de pato tenían cabezas musicales. Sus cuernos y crestas estaban huecos, como trombones.

Muchos científicos creen que, al soplar por la nariz, los «pico–pato» podrían haber emitido un sonido similar al de una sirena.

• Los científicos creyeron en otro tiempo que el Parasaurolophus utilizaba su larga cresta para respirar bajo el agua. Sin embargo, la cresta carece de agujeros en su extremo.

Lambeosaurus

Hypacrosaurus

• Los «pico–pato» deben su nombre a su hocico largo y plano, parecido al pico de un pato. El nombre científico de este grupo es hadrosaurio.

Corythosaurus

¿Qué dinosaurios peleaban con la cabeza?

Parasaurolophus

El Stegoceras tenía un cráneo tan fuerte que resulta probable que luchara chocando la cabeza. Su cráneo funcionaba como un casco, protegiendo el blando cerebro interior.

¿Eran fanfarrones los dinosaurios?

A muchos animales les gusta fanfarronear, sobre todo cuando buscan pareja. Es posible que algunos dinosaurios también lo hicieran. Los «pico–pato» habrían presumido de sus increíbles crestas coloreadas.

• Algunas personas creen que el Anatosaurus habría fanfarroneado al hinchar su frente como un globo.

23

¿Qué comían los dinosaurios?

El menú de los dinosaurios carnívoros no se reducía a otros dinosaurios. Existían muchas otras criaturas: desde insectos, lagartos y pájaros, hasta pequeños mamíferos peludos. Los dinosaurios vegetarianos se alimentaban de hojas de árboles y plantas.

• Además de dientes masticadores, los dinosaurios vegetarianos como el Psittacosaurus tenían picos óseos para morder tallos duros.

¿Qué dinosaurios tenían cientos de dientes?

Los dinosaurios «pico–pato» tenían muchos dientes diminutos situados en hileras, que funcionaban como ralladores vegetales al juntar las mandíbulas.

¿Qué dinosaurios comían piedras?

Algunos dinosaurios tragaban pequeñas piedras que se almacenaban en sus estómagos como canicas en una bolsa. Estas piedrecitas actuaban como los dientes, ayudando a moler los alimentos vegetales.

• Los fósiles pétreos de excrementos de dinosaurios, con trocitos de comida en su interior, ayudan a los científicos a averiguar lo que comían los dinosaurios.

¿Qué dinosaurio desayunaba huevos?

El Oviraptor tenía un pico resistente y dos protuberancias afiladas en la parte superior de la boca. Es posible que usara estos picos para cascar huevos de otros dinosaurios y así poder beber el alimento del interior.

• Oviraptor significa «ladrón de huevos».

¿Cómo sabemos cómo eran los dinosaurios?

Los científicos actúan como detectives, ya que nadie ha visto nunca un dinosaurio. Las pistas principales son los huesos fósiles que pueden formar un esqueleto. Los fósiles son restos pétreos de animales y plantas que murieron hace mucho tiempo.

• Montar los huesos de dinosaurio es como hacer un rompecabezas, ¡y es fácil cometer errores! Cuando los científicos descubrieron el primer fósil de Iguanodon, creyeron que el pico iba situado sobre la nariz.

FORMACIÓN DE FÓSILES

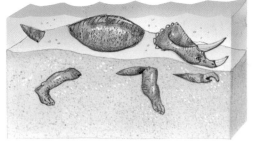

1 Un dinosaurio muerto quedó enterrado bajo una capa de arena o lodo; puede que al caer a un río o lago.

2 Las partes blandas de su cuerpo se descompusieron, quedando las partes duras como los huesos.

- Una vez que tienen el esqueleto, los científicos pueden suponer cómo los músculos sujetaban los huesos.

- Y qué aspecto tenía el dinosaurio cuando la piel cubría los músculos.

- Los científicos pueden averiguar el peso y la velocidad de un dinosaurio midiendo la profundidad de sus huellas fósiles y la distancia entre ellas.

¿De qué color eran los dinosaurios?

Nadie sabe de qué color eran los dinosaurios. Tenemos fósiles de su piel, pero sólo demuestran que era escamosa.

3 A lo largo de millones de años, éstos se convierten en piedra.

¿Cómo se encuentran los fósiles de dinosaurio?

Los fósiles de dinosaurio suelen estar enterrados en roca, por lo que han de ser excavados. A veces, la gente se topa con ellos; sin embargo, la mayoría son descubiertos por científicos que buscan en lugares probables. Es más sencillo de lo que parece, pues sólo ciertos tipos de roca contienen dinosaurios fósiles.

• Es importante elaborar un mapa de la zona a excavar. Así, cada vez que se encuentra un fósil, puede señalarse en el mapa.

• Los fósiles suelen encontrarse en piedra arenisca, arcilla, piedra caliza o esquisto.

• La excavación de un esqueleto completo puede llevar semanas, meses o incluso años.

• Algunos dinosaurios reciben el nombre de la persona que los encontró.

• Las fotografías muestran la disposición exacta de los huesos. Esto ayuda a los científicos a la hora de reconstruir el esqueleto.

• Con frecuencia, los hallazgos han de ser transportados en camioneta por terrenos llenos de baches.

• El fósil es recubierto de escayola para protegerlo de golpes, igual que cuando nos rompemos una pierna.

• Muchas excavaciones de dinosaurios se sitúan en lugares salvajes, lejos de pueblos o carreteras. El equipo tiene que vivir en tiendas o camiones.

¿Dónde se han encontrado dinosaurios?

Los dinosaurios vivieron por toda la Tierra. Sus fósiles se han encontrado en lugares tan lejanos como EE UU, la Antártida, China, Australia... ¡e incluso en España!

¿Qué ocurrió con los dinosaurios?

Algo muy extraño ocurrió hace 65 millones de años. Todos los dinosaurios, reptiles voladores y la mayoría de reptiles marinos desaparecieron. Nadie sabe con certeza lo que les ocurrió.

• Muchos científicos creen que rocas gigantes procedentes del espacio exterior golpearon la Tierra, expulsando grandes nubes de polvo que oscurecieron el Sol. Esto alteró el clima y acabó con la vegetación. Los dinosaurios herbívoros fueron los primeros en morir de hambre y frío; les seguirían los carnívoros.

• Es posible que los dinosaurios murieran envenenados por nuevos tipos de plantas.

• Algunos creen que los reptiles marinos como el Elasmosaurus no se extinguieron y que familias enteras sobreviven en grandes lagos como el Lago Ness de Escocia.

• El Archaeopteryx se parecía a un dinosaurio con plumas, pero no lo era. Vivió hace 140 millones de años y es el ave más antigua que conocemos. Era un pájaro muy extraño, ya que tenía dientes, cola y dedos con garras, igual que un dinosaurio.

¿Queda algún dinosaurio?

Aunque en la actualidad no existe ningún dinosaurio auténtico, sí que contamos con algunos familiares. Los científicos piensan que las aves proceden de los dinosaurios, pues sus esqueletos son similares. Así que fíjate bien la próxima vez que veas un pájaro volando o saltando por la hierba.

Índice

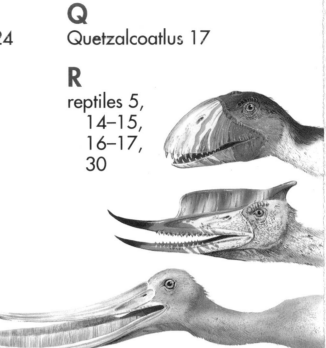